KËSHILLAT PËR NJË MARTESË T'SUKSESSHME

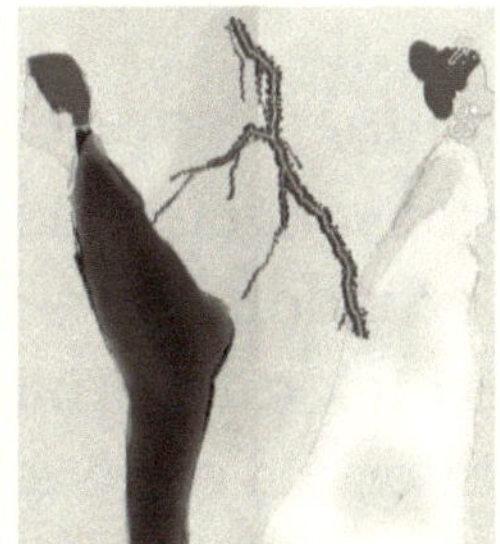

MERITA MEHANJA

Parafjalë

Jeta martesore ësht sfidë e perbashkët e cila mundet t'perballohet vetëm sëbashku. Deri tek dita e martesës, secili individ ka qenë tek dhe i pavarur nga njeri tjetri. Ndoshta sikur individ keni pasur varësi nga prindi, nga shoqeria, nga familja--apo ndoshta keni qenë plotesisht t'pavarur. Nuk luan rol se qfar varësie apo pavarësie

keni pasur sikur individ tek,
momentin kur martoheni, e
krijoni një aliancë t'përbashkët
dhe s'bashku do i identifikoni
varësitë dhe pavarësitë e reja.

Në këtë mini-libër do i shënoj
t'gjitha rregullat që i mësova
nga jeta ime martesore me
shpresë t'ju jap disa lekcione
t'mijat që t'mundeni ju me i'u
shmangë këtyre sfidave.
Kuptohet që secila martesë
është e veqant dhe unikat
n'vete, por disa rregulla jan

internacionale dhe do mësohen
me kohë nga secili çift. Unë për
vete po e shoh t'rëndësishme me
i nda këto rregulla me Çifte
t'Reja sepse po du me j'u
informu mos me i bërë t'njëjtat
gabime.
Kjo nuk do t'thot që nuk do
zbuloni edhe tjera lekcione--
jeta martesore është plot
lekcione, momente t'bukura, por
edhe sfida, ashtu siq është edhe
vet, Jeta.

Sikur çift, nese doni t'keni mundësi me vepru dhe me planifiku vetë ardhmërinë e juaj, atëher duhet t'jeni sa më t'pavarur nga t'tjerët. Duheni t'qëndroni në këmbët e juaja. Vetëm nëse qëndroni në këmbët e juaja do t'mundeni me i bë hapat e parë s'bashku.

Para disa viteve e pyeta një t'ngjofshem, i cili posa ishte martua, se si po e kalonte martesën dhe se a ishte adaptua n'jetën martesore.

Mua as që m'kishte shkuar
mendja që dikush mundet
t'martohet nëse është plotesisht
i varur nga prinderit.
Ndoshta fakti që jam rritë
n'Gjermani ka qenë arsye për
mendimin tim por une gjithnjë
kam menduar që pasi që t'arrin
emancipim t'plotë individuale,
mundemi t'hyjm në jetë
martesore dhe s'bashku t'i
përballojm sfidat e jetës.
Plotësisht u befasova që ai priste
nga babai dhe mamaja e tij me
jetu dhe perveqse ai nuk

punonte, as nusja e tij nuk i punonte. Pra, derisa prinderit e tij punonin, ky dhe nusja rrishin n'shpi dhe kalonin kohë koti pa kurrfarë avantsimi për një jetë m'ë t'mirë financiare t'pavarur. Sikurse kjo nuk mjaftonte, ai plotësisht më befasoj kur ia filloj t'ankohet që prinderit e tij "po i perzihen n'jeten martesore" dhe nuk po e lenin rehat.

Sipas eksperiencës dhe vëzhgimeve t'mia në kultura t'ndryshme, një çift që don me

shiju pavarësi dhe respekt
familjar dhe shoqeror duhet t'a
dij dhe t'kuptoj vleren qe e sjell
n'tavolinen e vet…"sofra e
shtruar, vjen me rregullat e
zotërisë t'shpisë".
Pra rregulla e parë është që t'a
kuptoni sikur çift nivelin e juaj
t'varësisë dhe t'pavarësisë
financiare që për t'planifikuar
jetën bashkohore.

Martesa është e Juaja!

Njëra ndër rregullat më kryesore për një martesë t'sukseshme është rregulla që: **Jeta Martesore Duhet t'Mbetet Mbes Jush**. Në asnjë mënyrë nuk bën t'lejohet ndërhyrja e tjer personëve (sidomos jo e familjarve apo shoqërisë t'ngushtë).

Zakonisht kur kemi konflikte personale, instinkti i parë është t'kërkojm ndihmë tek rrethi jon shoqeror në t'cilin gjejm mbështetje në çdo situatë. Mirëpo, bash kjo arsye është problemi më i madh për jetën martesore. Sikur çift bashkohor problemet jan t'pashmangshme. Në një mënyrë apo tjetër, do ngrideni për arsye që nuk mundeni t'gjeni gjuh t'përbashkët t'menjëhershme.

Ngrindja mundet t'ndodh në mënyrë diplomatike, por nganjëher edhe n'mnyrë jocivile ku edhe ngritet zëri dhe emocionet. Natyrisht, në këto

momente ku hidhërohemi, ne
kemi dëshirë t'marrim
mbështetje nga më t'dashurit e
tonë. Ata n'a përkëdhelin dhe
n'a sigurojn që **NE KEMI
T'DREJT DHE PARTNERI
YNË ËSHTË N'GABIM!**
Ata, jo vetëm që n'a e bëjnë
qejfin, por shumher edhe
përgjigjen sipas informatave
t'dhënura.
Siq e dijm t'gjith, asnjëri prej
nesh nuk e argumenton sjelljen
e vet apo anën e konfliktit pa e
qit vetën në një dritë apo pozitë

10

pozitive dhe përfituse.
T'gjith kemi dëshirë t'marrim
përkrahje dhe mbështetje për
dilemën/konfliktin tonë
personal/e.
       Mirëpo kjo mbështetje sado
e mirë që ju bën t'ndiheni për
momentin, do i kushton
martesës t'juaj kohëgjatë.

 Në jetën martesore vlen „sa më
shum kuzhinjer n'kuzhinë, aq
më shum konflikte".
Pse? → Sepse ti i harron ato
argumente që i ke dhënë

familjarëve dhe shoqërisë t'cilët t'qesin ty n'drit t'mirë por partnerin jo n'drit aq t'mirë. Pas pak kohe, ti dhe bashkshorti/ja e zgjidhni atë konflikt dhe e gjeni një zgjedhje t'përbashkët.

Pas ca kohësh, kjo ngrindje harrohet nga ju dhe as që ju kujtohen detajet më, mirëpo materialin që e keni shpërnda në shoqëri dhe familje (duke i tregu pikat e dobëta t'njëri-tjetrit) tash jan n'duar t'tjerve dhe kurr nuk i dihet se kur do t'keqperdoren apo drejtohen në

një mënyrë t'paraparë apo
zhgënjyese për t'lënduar
bashkshortin/en e juaj.
Poashtu, kur hapet dera për
t'tjer me u përzi n'martesën e
juaj, atëher nuk jeni më çift por
keni marr ortak t'ri.

Pra→ Kur keni ndonje
problem me e zgjedh, duhet me
e diskutu problemin mes juve
dyve kurdo që jeni t'qetë dhe
kur mundeni me i argumentu
pikat e juaja n'mënyrë t'qetë dhe
t'a arrini një zgjedhje s'bashku
dhe kurr mos me i la rrobat e

ndyra n'publik apo n'familje.

Për me kon fer, nëse ju
jeni person që nuk ka qef me
ndërmarr përgjegjësi apo
vendime--- apo nëse jeni
t'martuar me një person t'tillë –
dikush që nuk mundet me bo
asgjë pa këshillin e tjerve---
atëher kjo rregull nuk ju
përfshin juve.
Kjo rregull është vetëm për ata
që ecin n'këmbët e veta dhe jan
plotësisht t'pavarur nga t'tjerët.
Sidoqoft, nëse nuk keni qejf me
marr pergjegjsi, atëher duhet me

e dit két detaj qysh prej fillimit
dhe para martese.

Nuk ka shanc martesa për
lumturi nëse partnerët jan
n'faqe t'ndryshme qfar i përket
kësaj rregulle.
     Komunikimi, përkrahja dhe
mbështetja duhet me ardh nga
njëri-tjetri sepse fatkeqsisht--
sfidat martesore nuk jan
t'pakëta. Martesa është vetëm
hapi i parë i jetës t'përbashkët.

Çdo Gjë Ndryshon Pas Martese

Para se me u martu, i keni njoftu prindt e njëri-tjetrit, familjarët, shoqërinë, etj dhe e keni bërë një gjykim për karakterin e personit që e dashuroni. Mirëpo, nga përvoja ime dhe vëzhgimet e mia n'martesat e shoqërisë familjarëve etj në kultura t'ndryshme, mundem me ju thënë plotsisht e sigurt -→ Çdo Gjë dhe Çdokush ndryshon pas martese!

16

*D*eri tek martesa, secili e tregon vetën n'dritën më t'mirë për lumturinë e juaj dhe t'bashkshortes t'juaj. Askush nuk kemi dëshirë me qen arsyja pse dikush marrëzohet me lidhjen tonë, mirëpo pas martese, nuk e sheh askush më t'rëndsishme me maskaru gjendjen familjare apo ndjenjat ndaj juve.

Kur isha fëmijë m'kujtohen storiet që i kisha ndëgju ku e tërë familja e kishte mashtru vajzën që djali kishte shpi

n'qytet dhe vetëm pas martesës
ishte zbulu që ajo kishte me jetu
n'bjeshkë. Kisha ndëgju storie
ku burri/nusja ishte tregu shum
i/e vyjshëm/e dhe i/e urtë para
martese por pas martese e
kishte tregu një natyrë
plotësisht tjetër.

Kjo nuk do t'm'ndodhte mua
dhe për këtë isha e sigurtë ---
sepse kjo ndodhte vetëm
n'kulturën shqipëtare sipas
mendimit tim naiv t'njëzet-e-tre
vjeqares.

Para martese e kisha njoftu
t'gjithë familjen e tij dhe t'gjith
ishin t'dashur dhe t'ndershëm. Sa
mirë më pritnin dhe me sa shum
dashuri---E ndjeja vetën t'bekuar
që po i shtohem një familje kaq
t'dashur dhe mikëpritëse. T'gjith
u bashkonin gjat vikendeve dhe
kalonin një kohë shum t'lumtur
dhe kurr pa asnjë konflikt. Me
asnjë dyshim, që unë e doja
familjen e tij dhe ata m'donin
mua, u martova.

Kjo kohë e lumtur nuk zgjati më shum se
një muaj dhe maskat u hoqën kur
bashkshorti im shkoj n'mision n'Irak dhe
më la vet në një vend plotësisht t'huaj për
mua. Une isha vetëm 23 vjeq dhe
plotësisht e re n'ShBA. Ende nuk e kuptoja
sistemin, nuk e njihja kulturën dhe vendin.
„Ti do t'jesh n'mbrotjen dhe mbështetjen e
familjes time" më garantoj bashkshorti im para
se t'nisej për n'mision n'Irak. Une isha
plotësisht larg familjes time dhe nuk kishim as
tre muaj prej se ishim ardh n'SHBA për
t'krijuar një jetë martesore sëbashku.

Me lot n'sy e percolla bashk me
prindt dhe vëllaun e tij tek
ajroporti. Ai shkoj dhe ne u
kthym tek banesa jon.
   Kur arrijtëm tek parkingu i
banesës, i ftova plot dashuri me
ardh n'mbrenda për nje kafe,
dhe u befasova me ftohtësin që
e rrefuzuan ftesën. „Me siguri që
jan t'mërzitur", i'a dhash vetës
arsyen për sjelljen e tyre dhe e qita
jasht mendësh.

Mirëpo, nuk kaloj shum koh dhe
e kuptova që ata ishin ndryshe
n'prezencen e bashkshortit tim
dhe ndryshe kur ishim vet.
Kan kalu 15 vite martese dhe ata
ende sjellën ndryshe kur jam me
bashkshortin dhe ndryshe kur
jemi vet.
N'fillim mendoja se mos i kam
ofendu shkaku i dallimeve
kulturore, mos j'u kam thënë diqka--
apo mos kam bërë diqka--- por pas
pak kohe e kuptova që kjo sjellje e
ftohët ishte shkaku i financave.

Derisa ishte martua bashkshorti im, t'gjitha t'ardhurat i kish pas n'xhirollogari ku e ëma e tij kish pas autorizim t'plotë për me tërhjek kur don dhe n'shumë aq sa t'don (unë këtë informatë nuk e kam pasur para se t'martohemi). Tasht pas martesës une dhe ai kishim xhirollogari t'përbashkët dhe nuk kishte autorizim askush tjetër. Pra, krejt dhimbja ishte tek t'hollat dhe përata sjellja e tyre kishte ndryshuar plotësisht ndaj meje-- por kjo nuk u tregonte kurr n'prezencën e tij.

Pas shum e shum viteve dhe
shum e shum vëzhgimeve e
kam vërtetu që ky fenomen ish
internacional, interkultural dhe
interetnikal.
Nuk do t'thot që ju do e
përjetoni kët përvojë por nëse
ndodh mos u dëshproni sepse
nuk keni bërë asgjë, nuk keni thën
asgjë, nuk i keni ofendu n'asnjë
mënyrë----->Tasht, thjesht, po i
sheh t'gjith n'përrreth pa maska
dhe personalitetin dhe ndjenjet e
tyra t'vërteta.

Mirëpo, nëse nuk ndryshojn
aspak, atëher je i/e bekuar me
një familje t'dashur ndaj teje
por nëse ndryshojn, atëher mos
harro që jeta martesore është e
jotja dhe sa për familje e ke atë
tënden e cila t'don me plot
dashuri dhe gjithmon t'përkrah.

*Me koh pastaj e gjen mënyrën se si
me e qu atë ma shum tek familja e
tij/saj e ti me shku vet tek e jotja. ;)*

Respekti dhe dashurija jan dy
gjëra t'rëndsishme por
plotësisht t'ndryshme.
Respektin mundet njeriu me e
dhën edhe nëse nuk don, por
dashurinë nuk mundet njeriu
me e dhuru kur nuk e ndjen.
Shumher, n'jetën time
martesore, e kemi pas një
konflikt kur ka ardh n'pytje
dashurija ynë për dikë n'familjen
tonë, që tjetri nuk e donte.

Ky fakt pastaj na krijonte konflikt jo t'vogël---derisa e kemi kuptu n'vitin e tretë t'martesës që:

„Ti e don familjen tënde e une t'timen!".

Unë nuk mundem me t'a desht ty familjen siq e don ti dhe ti nuk mundesh me m'a desht familjen time siq e dua une. Mirëpo, e pavarur nga ky fakt, te dytë e presim respektin e plotë ndaj familjes t'njëri t'tjetrit.

Në asnjë mënyrë nuk lejohet
që ai me u sjell keq me familjen
time apo une keq me familjen e
tij. Nëse ka diqka që na
ngacmon personalisht nga ana e
tjetrit, atëher pritet që personi i
duhur duhet t'a drejton atë
familjar që mos me e përsërit më
atë ngacmim.
S.p.sh nëse e ëma e tij m'a thot
mua naj fjal që nuk m'pëlqen,
une e pres atë që me merr me
nënën e tij dhe me e rregullu kët
sjellje (nuk pres per ndonjë kërkesë falje
se deti bëhet qiell para se me kërku vjehrra
falje) por pres që mos me u përsërit
një gjë e tillë.

Sepse përndryshe une
detyrohem t'a zgjedhi két
problem vet – dhe ktu vlen me e
cekë që jam bijë dhe mesë e
Llap e Gollakut– dhe sa i përket
emocioneve --një kacë baruti
gjithnjë e gatshme për
eksplodim (;).
Njëra nga konfliktet më
t'mdhaja që e kemi pasur ka
qenë kur e ëma e tij ka thënë
ndonjë fjalë që ka mujt me u
misinterpretu dhe i'a kam cekë
bashkshortit t'tim.

Ky menjëher ka reagu sikurse
une kam diqka kundër t'ëmës
t'tij dhe e ka përdor kët
arsyetim „Meri, ti e din që nëna
ime është pakëz e vrazhdë
n'fjalë por ajo është një grua e
mirë dhe me siguri që e ke
keqkuptu.....ajo ty t'don dhe
kurr nuk do t'lëndonte qëllimisht.
Nëse t'ka lëndu --me siguri që t'i
ka lëndu ndjenjet me padashje.
Me siguri ka qen një
miskomunikim kulturor.“

   Mirëpo, nëse reagojsha unë për
diqka ndaj t'ëmës t'tij ky
menjëher m'shpallte mu fajtore
dhe m'thoshte „nuk e di pse nuk
m'a don nanën -- pse e ke kaq
inat. Ajo ty t'don sikurse mua
dhe kurr nuk don me
t'lëndu"….. dhe kshtu i'u ngjitke
flaka barutit dhe kishim konflikte
me t'vertet t'rënda krejt shkaku i
„Dojma Nanën veq pse une e
dua".

Fatkeqësisht, këtë sjellje edhe
une e përdorja qfar i përkaste
familjes time dhe kurr nuk do e
shpallja familjen time fajtore
nëse diqka ndodhte. Më në
fund e kuptuam që me zor nuk
mundesh me e imponu askund
me e desht dikë vetëm pse e
don ti.
Zgjidhja ynë është:" *unë po shkoj
tek familja ime. Nëse don me
ardh, je i mirëseardhur — por,
mos u obligo nëse nuk don.*"
Fëmija munden me zgjedh se ku
po dojn me shku.

Kjo është e vetmja mënyrë ku e kuptojm që njëri-tjetri po e vlerësojmë sikur individ dhe jo sikur një shtesë e individualitetit t'tonë. N'çdo rast tjetër duheni me qenë një, por kur vjen koha me i vizitu familjarët e juaj, më mirë me shku veqmas nëse te dyt nuk ndihen t'lumtur apo t'mirëpritur/kuptuar. Fatkeqësisht, neve na kan shku gati 10 vite derisa e kemi arrit kët zgjedhje.

Pra, nëse partneri/ja jote
t'tregon që familjarët e tu sjellen
ndryshe ndaj saj/tij kur nuk jan
n'prezencën tënde –mos i mbroj
familjarët apo shoqërinë por
pranoje realitetin dhe pastaj
gjeje zgjdhjen. Kuptohet që nuk
mundemi me u nda nga
familjarët apo miqtë tanë vetëm
pse bashkshorti/ja nuk kalon
mire me ta por mundemi me
Kuptone që n'disa mardhënje
vetem respekti është i mundshem
dhe asgjë më shum.

Mos e lëndoni asnjërin por edhe
mos lejoni që t'tjerët me j'u
lëndu partnerin/en e juaj.

Komunikoni me njëri-tjetrin
sepse betejat dhe sfidat e jetes
që kan me j'u ardh n'fund keni
me i perballu vetem ju dy.

**RESPEKTONI RRETHIN POR
MOS LEJONI INFILTRIM!**

Financat

𝓕jalia „**dy personalitete t'kundërta ngrehen tek njëri tjetri sikur magnetë**" nuk i përket jetës martesore kur jan financat n'pytje. Sikur çift, duheni t'keni gjuhë t'përbashkt se qfar i përket financave dhe sigurisë financiare t'përbashkët.Problemet më t'mdhëja në martesë ndodhin kur ka moskomunikim n'përgjithësi … por, sidomos, kur i perket financave.

Nëse sikur çift nuk jeni
t'koncetntrum në shëndetsinë
financiare dhe nuk keni gjuhë
t'përbashkët financiare, atëher
edhe jeta martesore nuk do
t'është e shëndoshë. Sepse
sfidat më t'mëdha do t'vijn kur
financat nuk jan n'vend.
Siç e ceka më parë, shum
probleme familjare do ishin
shmang, sikurse t'i kishte rregullu
bashkshorti im financat e t'tij më
parë.

Sikur ai, edhe une isha njëra nga burimet kryesore financare t'prindve t'mi dhe edhe mua m'u desht me bisdu me motrat dhe vëllaun që tani m'duhet me u fokusu njëher në jetën martesore dhe që secili prej nesh duhet t'i ndihmoj prinderve sipas mundesive. Shumher, une dhe bashkshorti im kemi pas ngrindje shkaku se ky edhe kur e dinte që nuk kemi mundesi me i ndihmu prindve t'tij, iu pergjigjte t'ëmës t'tij me *„prit t'a pys Meritën se qka po thot e a mundemi me t'ndihmu"*.

Kjo ishte një metodë kontrolli i situatës sepse ky e dinte që nëse une e them që nuk kemi mundësi (edhe pse ishte e vërteta), ata do m'linin mua fajtore që nuk po doja me j'u ndihmu. Mirëpo kjo situatë gjithmon e ka lëndu martesën tonë, dhe mundem me e thën sinçerisht, çë m'ka bërë për t'a urrejt edhe bashkshortin e edhe t'ëmën e t'tij n'ato momente.

Ndjenjet kurr nuk harrohen
dhe sa më shum momente t'tilla
që ndodhin n'martesë aq më
shum plagë mbesin.
Nuk i kishte fajet vetëm ai,
edhe une nganjëher e merrja
peng kur dëshiroja me e renovu
shtëpinë apo kur dëshiroja me
shku n'udhëtime edhe pse e dija
që nuk do ishte mirë për
financat kohëgjatë. Për me iu
shmang ngrindjeve, u
dorëzojke dhe thoshte „*gruaja e
lumtur, jeta e lumtur*" dhe
duarlartë dilte nga dhoma.

Pra, prej gabimeve t'martesës
time mundem me ju premtu që
„nëse dëshironi martesë
t'shëndosh, patjeter duheni me
qenë në t'njëjtën faqe
financiarisht dhe kurr mos e
mbani peng njëri-tjetrin për me
arrit qëllimin e juaj". Kur
vendosni s'bashku atëher edhe
vuajtjet financiare i përballoni
më leht s'bashku. Fatkeqsisht,
në një mënyrë apo tjetër, jeta do
t'j'u sprovoj me vështirësi
financiare.

Investime t'gabushme,
vendime t'shtrejta etj. Në këto
momente vështirësie do e
shihni se prej qfar materiali
është e përbërë martesa e juaj.

Nëse nuk mundeni me e shiku
njëri tjetrin n'sy edhe me qajt e
me planifiku hallin s'bashku
(dhe pa e fajësu njëri-tjetrin),
atëher nuk keni me e pas leht.
Bashkshorti im edhe une kemi
kalu disa kohë t'vështira
financiare s.p.sh një vit nuk i

kan pas ndal tatimet për tërë
vitin n'vendin e punës t'tij dhe
pasi që e kishte përfundu
misionin, na erdh fatura nga
Ministria Tatimore që i kemi
borxh 100 mijë dollar. Përveq
kësaj shume erdh edhe urdhëri
që derisa t'i paguajm tatimet,
qeveria do na i mban peng
shtëpinë dhe gjitha pronat që i
kishim plus 10% t'shumes
interes dhe 10% gjobë shtesë për
mospagim t'kohshëm.
Kurr nuk e harroj kur kemi dal
nga ajo zyrë.

As drejt nuk mundim me ecë
dhe dyt e mbanim dorën e
t'tjetrit sepse ishim duke u
rrëzu që këmbët nuk na
mbajshin më. U ulëm n'veture
dhe vetëm shikojshim n'ajr pa
fol për 10 minuta. Pasi që
arrijtëm n'shpi e pijm nga një
Jack Daniels dhe ia fillum me
planifiku t'ardhmën dhe se si
kemi me ia dal kësaj sfide.
Ky ishte momenti ynë i cili nuk do
na lejonte me qenë n'fonte
t'ndryshme sepse nuk do ia dilnim
kurr. N'fund, edhe pse na u kan nevojitë
pesë vite, n'fund ia kemi dal me i pagu
dhe me u liru nga ai borxh i paharruar. 45

Jeta Seksuale Martesor

Njëra ndër tabuutë më t'mdhëja
t'shoqërisë tanë është jeta
seksuale. Në shumë aspekte e
preferoj faktin që nuk është e
rëndësishme me e lodhë këtë
temë edhe me e diskutu shumë---
por n't'njëjtën kohë, poashtu nuk
është n'rregull me e bërë aq tabuu
saqë një Çift i posamartuar t'është
i mosinformuar dhe edhe
turpëruar për me i shpreh dëshirat
eksperiencën apo ineksperiencën e
vet seksuale.

46

M'kujtohet shum mirë kur isha njëzet-e-dy vjeqare dhe qëllova me një dasmë n'dhomë me gratë që ishin duke e pregaditë nusën. „A je gati për me t'therrë thika?" e pyti njëra e grave e cila ishte e moshuar. „Me t'çkaaaa????!!!" pyta plot trishtim dhe mosbesim se qfar ndëgjova --„qfar thike? Qfar ceremonie me thikë paska me u bo?!".

  Ato qeshën dhe u përgjegjën
„hajt se ti je pamartu — kur
martohesh e kupton".
Unë n'fakt isha plotësisht
injorante dhe martesa nuk ishte
katalisti i injorancës time.
N'fakt, kurr nuk kisha ndëgju
një gjë të tillë. Trishtimi im
legjitim ishte shkaku që kur isha
e vogël i kisha ndëgju storie
horrore qfar i përkaste natës
t'marteses.

–Storie ku n'natën e hyrjes
t'dhëndrit, dhëndri e kishte qky
macen-- kishte bërë gjëra
trishtuse që me e frikësu grun e
kinse me e tregu vetën që nuk
është (normal-sipas normeve
shoqërore) i urtë.
Tash kto i thonin nusës diqka
për thikë e unë legjitimisht nuk
e kuptoja se e kan fjalën për
natën e martesës dhe thikë
t'vërtetë.
Kur e kuptova se për qfar është
fjala, mbeta e habitur dhe plot
mosbesim.

Këto ishin gra t'rrethit familjar--
N'fakt nëna ime ishte e
përfshirë n'two grup dhe secila u
mundonte me e ndihmu nusën
duke i dhënë një këshillë më
t'dallashitur se tjetra n'shpresë
për t'i ndihmuar. Pasi që e
kuptova që qëllimi i tyre ishte
n'fakt nga zemra për t'a
ndihmuar nusën nuk i gjykoja.
N'fakt u pikëllova shum për
realitetin e tyre kur i ndëgjova
këshillat --se qysh me vujt ma
pak gjat kësaj eksperience
tronditëse.

„Rri sikur e ngrime, mos lëviz, e
mbylli syt deri sa e kryn ai
punen e vet" „Mos harro se
është gjynah me j'a nal
burrit…" „Shtriju e mos gabo
me tregu qehre se t'thot kurvë"
etj.
Po shpresoj që këto absurditete
kan përfundu n'dekadën e
fundit dhe se martesat e reja
fillojn me eksperiencë dhe
këshilla më t'mira por nëse jo,
nuk dua t'a shkruaj kët libër pa
e vizitu edhe këtë tabuu.
Jeta seksuale martesore është
shum e rëndësishme për një
martesë t'suksseshme.

N'fakt, nëse nuk jeni t'gatshëm
me i plotësu dëshirat seksuale
t'njëri-tjetrit kurr nuk do e
arrini intimitetin e plotë sikur
çift. Nuk është vet aktiviteti që
luan rol t'rëndësishëm tek jeta
seksuale martesore, por është
fakti që njëri-tjetrit t'i besoni
n'një nivel që askush tjetër
n'univerz nuk j'u njeh n'kët
nivel.
Nuk është turp sikur çift i
martuar me eksperimentu
s'bashku dhe me e bërë
platformën e juaj t'veqantë.

Jeta seksuale martesore nuk është
vetëm për me e knaq njërin më
shum se tjetrin apo me shtru
dominancë – është platforma e
barabartë për te dy palët. Nëse
nuk jeni t'gatshëm me i besu dhe
plotësu dëshirat dhe fantazitë e
bashkshortës/it, kurr nuk keni për
t'arritur intimitetin shpirtëror. Pra,
këshilla ime është t'bisedoni
haptas dhe me pagjykim me njëri-
tjetrin. Eksperimentoni, shikoni filma
s'bashku, lexoni….etj. Deri sa e gjeni
platformen e juaj ku te dytjeni
t'lumtur me njëri-tjetrin. Siq thojn
n'Amerikë „Nëse ngopesh n'shpi, nuk
ki me dal jasht me ngrënë".

Vitet më t'Vështira t'Martesës

Viti i Parë:

Prej eksperience mundem me j'u tregu që viti i parë i martesës është shum i vështirë por përballohet leht. Ky vit është viti i marrjes dhe dhënjës. Te dy palët e mësojnë karakterin e njëri-tjetrit pa asnjë filter. I mësojn reagimet, emocionet, përballimi i konflikteve dhe zgjedhjeve t'tyre, dhe e mësojn partnerin ashtu siq e di vetëm vetvetja e tyre.

Ky vit është plot dashuri dhe
plot mizerie. Shumher do e
pysësh vetën se mos ke gabu
që je martu? Do thuash „ka
ndryshu pas martese se kshtu
nuk ka qenë". Shumher do e
humbni kontrollin dhe do
shkoni n'maksimum. Por ky vit
poashtu është edhe viti ku
zemra e don tjetrin n'aq masë
sa nuk mundet me e mendu një
jetë pa të.

Edhe pse emocionet do kalojn në maksimum, prap do e shihni njëri tjetrin n'grykun e juaj dhe dashuria do rrjedh në një burim t'pandalur. Ky është viti ku do e krijoni bazën e juaj dhe ku do e krijoni komunikimin se si do i zgjidhni konfliktet, si do bisedoni me njëri tjetrin, si do e lëndoni njëri tjetrin dhe cilat jan kufijtë që nuk guxohen t'kalohen.
Ky është viti ku ashtu siq e filloni, do e jetoni dhe mbaroni martesën. Sepse nëse këtu bjen jasht dashurie dhe e tradhtoni besën e njëri-tjetrit, më nuk reparohet martesa.

Viti i Shtatë është një vit shum i
vështirë për martesë. Ky është viti
ku martesa ka marr formë dhe bazë
dhe është plotësisht e formuar. Nëse
njëri është duke bërë më shum
komprimise se tjetri, ky është viti ku
t'gjitha shtyllat e martesës do
testohen. Xhelozia, Kompromiset,
Moskomunikimi, Familja, Emocionet,
Konfliktet, Shpenzimet—t'gjitha do j'u
bijn sikur shuplakë n'két vit.

N'fakt shumica e martesave
dështojnë dhe nuk e kalojn kët
vit. Nëse nuk jeni t'pregaditur
me i rivizitu t'gjitha problemet
dhe konfliktet e me i ndryshu
s'bashku, ky vit nuk do t'ju lejon
t'vazhdoni t'lumtur. T'gjitha
problemet që j'u paraqiten
n'vitin e shtatë, do j'u percjellin
edhe tutje nëse nuk i zgjidhni
sëbashku. Ndryshimisht prej
vitit t'parë, më nuk do t'heshtni
për hirë apo lumturnië
t'partnerit/es t'juaj.

Ky është një vit ku emancipimi
individual do t'del n'paraskenë.
T'gjitha gjërat që j'u pengojn tek
njëri-tjetri, t'gjitha problemet që
i keni përballu por përbirë për
me i'u shmangë konflikteve,
t'gjitha sjelljet që mezi i toleroni,
t'gjitha ligshtitë--- n'vitin e
shtatë, t'gjitha do t'dalin ngadal
dale n'prapaskenë. Nuk e di pse
ky vit është i mallkuar kshtu
por me shum qifte që kam
bisedu, viti i shtatë ka qenë me
plot ngrindje, kompromise dhe
probleme.

Mirëpo, nëse e ndëgjoni njëri-
tjetrin me pagjykim dhe
pangacmim, atëher do i
përballoni dhe zgjidhni t'gjitha
problemet. Pra rregulla më e
rëndësishme për kët vit është
komunikimi me pagjykim,
pafajsim, dhe pangacmim.

Në t'njëjtën kohë, nëse nuk
ballafaqoheni me probleme
n'këtë vit dhe jeni t'lumtur me
gjuhë t'përbashkët, atëherë
duheni t'a kuptoni fuqinë e
martesës t'juaj dhe t'vazhdoni
në këtë platformë.

Mendimi im i Fundit:

Martesa është e gjatë dhe dita
e martesës është dita e lindjes e
një jete t're. Asgjë më nuk do
t'rikthehet siq ishte para
martesës--ky hap më s'bëhet.
Para martese, secili nga ne e ka
pas një pafajsi fëmijërie.
Obligimet që merren pas ditës
t'martesës jan me padyshim
obligime që n'a përcjellin deri
n'fund.

Për këtë është e rëndësishme
me e mbajt n'mend që
komunikimi, respekti dhe
bashkpunimi jan baza më
kryesore për një martesë
t'suksseshme.
Sikur çift i ri, edhe pse nuk keni
eksperiencë praktike, n'teori
keni pa martesa t'ndryshme
rreth jush. Sikur n'çdo aspekt
tjetër t'jetës duhet për me u
mësu nga gabimet, kopjimet

dhe implementimet e modeleve t'martesave që j'u imponojn dhe j'u duken t'duhura. Jepni hapsirë vetës dhe njëri tjetrit për me bo gabime dhe për me i testu mënyrat që doni me i provu n'martesën e juaj.

Jeta martesore është një kapitull i ri dhe i rëndësishëm në jetën e gjithsecilit nga ne. Ku UNË shëndrrohet n'NE dhe partnerin që e ke zgjedh dhe që i ke premtuar dedikim t'plotfuqishëm do t'a kesh përcjellje deri n'fund t'jetës.

Si e filloni martesën, si e jetoni
martesën, krejt varet nga
dëshira juaj dhe nga
bashkpunimi juaj.
N'kët jetë t'gjith jemi udhëtar
t'përkohshëm dhe n'martesë te
dyt e keni vetëm një qëllim --- si
t'mabni kursin dhe navigimin
tek drejtimit t'dëshiruar pa u
fundosë, shembë, apo thyer deri
tek fundi i kësaj rruge. Nuk ka
hirarki, **nuk ka ti apo unë,** por
ka **vetëm NE S'BASHKU** do e
bëjmë këtë.

Ju dëshiroj një Martesë t'bekuar me gjithat'mirat e jetës, plot Dashuri, Lumturi, dhe Begati!

Me Respekt,
Merita